BEI GRIN MACHT SICH IHR WISSEN BEZAHLT

AF167100

- Wir veröffentlichen Ihre Hausarbeit,
  Bachelor- und Masterarbeit

- Ihr eigenes eBook und Buch -
  weltweit in allen wichtigen Shops

- Verdienen Sie an jedem Verkauf

Jetzt bei www.GRIN.com hochladen und kostenlos publizieren

Künstliche Intelligenz. Ein systematischer Vergleich der Anwendung von Künstlicher Intelligenz in der Automobilindustrie

Bibliografische Information der Deutschen Nationalbibliothek:

Die Deutsche Nationalbibliothek verzeichnet diese Publikation in der Deutschen Nationalbibliografie; detaillierte bibliografische Daten sind im Internet über http://dnb.d-nb.de abrufbar.

ISBN: 9783346732781
Dieses Buch ist auch als E-Book erhältlich.

EIN SYSTEMATISCHER VERGLEICH DER ANWENDUNGEN VON KÜNSTLICHER INTELLIGENZ IN DER AUTOMOBILINDUSTRIE

08. November 2021

Inhaltsverzeichnis

Abbildungsverzeichnis

Tabellenverzeichnis

Abkürzungsverzeichnis

Abkürzung	Erläuterung
bzw.	beziehungsweise
bzgl.	bezüglich.
i. A. a.	in Anlehnung an
o. g.	oben genannt /genannte
s.	siehe
S.	Seite
vgl.	vergleiche
z. B.	zum Beispiel

1 Einleitung

Künstliche Intelligenz (KI) ist ein Begriff, der uns im alltäglichen Leben und in den unterschiedlichsten Bereichen begegnet. Bewusst oder unbewusst ist die KI bereits ein Bestandteil unseres Lebens und neigt dazu, immer mehr ihren Anteil zu vergrößern. In der Industrie wird auf die KI insbesondere in Produktionsstätten zurückgegriffen, um die Prozesse zu überwachen, zu beschleunigen und zu optimieren. Neben der Anwendung der KI in der Produktion werden auch zunehmend Endprodukte mit KI ausgestattet. Ein geeignetes Beispiel für die Implementierung von KI in Endprodukten ist die Automobilindustrie.

Der Gegenstand dieses Assignments ist die Erstellung eines systematischen Vergleiches der Anwendungen von KI in der Automobilindustrie. Ziel dabei ist die Bewertung der Implementierung der KI im Endprodukt Auto. Um den Rahmen des Assignments nicht zu überschreiten, wird dieses in seinem Umfang begrenzt und stellt lediglich eine Übersicht zwischen wenigen Autohersteller dar. Die wesentlichen Herausforderungen dieser Arbeit bestehen in der Auswahl geeigneter Kriterien für die Bewertung sowie das Erreichen von objektiven Informationen über den Stand der Technik der Autohersteller.

Die Arbeit beginnt mit einer umfassenden Recherche und Materialbeschaffung mit dem Ziel eine Grundlage zur KI aufzubauen. Anschließend werden diese Informationen als Grundlagen zusammengefasst und bilden die Basis der Arbeit. Diese Grundlagen beginnen mit der Definition des Begriffes KI und führen anschließend zu den technischen Grundlagen der KI in der Automobilindustrie. Aufbauend auf diesen Grundlagen werden zweckmäßige Kriterien ermittelt sowie eine Bewertungsmethode entwickelt. Die Autohersteller werden gemäß den Kriterien bewertet und verglichen sowie die Erkenntnis der Arbeit zusammengefasst. Zuletzt folgt eine kritische Auseinandersetzung mit der eigenen Vorgehensweise, einer Betrachtung eventueller Erfolgsfaktoren und einem Ausblick.

2 Grundlagen der KI

Um eine Basis für die Anwendung von KI in der Automobilindustrie zu schaffen, soll zunächst für den Begriff KI eine weitreichende Erläuterung erfolgen. Anschließend zur Definition des Begriffs KI wird dieser anhand von Beispielen und Anwendungen beschrieben.

2.1 Definition der KI

KI ist die Fähigkeit eines mit einem Computersystem verbundener Maschine oder Roboters bestimmte Handlungen auszuführen, die denen von Lebewesen ähneln (vgl. Kreutzer & Sirrenberg, 2019). Da Maschinen immer leistungsfähiger werden, können einige einfache Aufgaben, die keine Intelligenz erfordern, nicht als KI angesehen werden. Aus diesem Grund besteht kein eindeutiger Konsens über den Umfang der KI bzw. muss laufend hinsichtlich den aktuellen Erkenntnissen neu definiert werden. Eine zutreffende Erklärung der KI kann wie folgt beschrieben werden:

„Künstliche Intelligenz bezeichnet die Fähigkeit einer Maschine, kognitive Aufgaben auszuführen, die wir mit dem menschlichen Verstand verbinden. Dazu gehören Möglichkeiten zur Wahrnehmung sowie die Fähigkeiten zur Argumentation, zum selbstständigen Lernen und damit zum eigenständigen Finden von Problemlösungen." (vgl. Kreutzer & Sirrenberg, 2019)

Die Ergebnisse dieser Ausführungen können in Form einer Beschreibung des Ist-Zustandes (Description), einer Vorhersage (Prediction) sowie einer Empfehlung (Presciption) dargestellt sowie einzeln oder in einem Zusammenhang betrachtet werden (vgl. Kreutzer & Sirrenberg, 2019).

2.2 Ziele der KI

Eines der wesentlichen Ziele, die anhand der KI erreicht werden soll, ist die *„maschinelle Nachbildung der menschlichen Intelligenz"* (vgl. Stan, 2021). Diese nachzubildende menschliche Intelligenz wird unter anderem durch die sprachliche oder räumliche Intelligenz beschrieben (vgl. Kreutzer & Sirrenberg, 2019). Allerdings wird mit der KI nicht nur das Ziel zur Nachbildung der menschlichen Intelligenz verfolgt, sondern auch die Erweiterung bis zur *„Ausführung von Tätigkeiten, die bisher von Menschen nicht, nicht so schnell und/oder nicht so gut verrichtet werden konnten"* (vgl. Nolting, 2021). Demnach lassen sich die Ziele der KI folgendermaßen erläutern (vgl. Stan, 2021 und Kreutzer & Sirrenberg, 2019):

- **Menschliches Denken:** Eine Maschine oder ein System, die/das über KI verfügt, übt kognitive Modellierung aus. Dabei soll die Maschine oder das System ein Problem auf die gleiche Weise wie der Mensch lösen.

- **Rationales Denken:** Durch die Verwendung von Logik werden Unsicherheiten modelliert und komplexe Sachverhalte berücksichtigt.

- **Menschliches Handeln:** Hierbei geht es um das Erzielen von Leistungen auf menschlichem Niveau (siehe auch Turin-Test).

- **Rationales Handeln:** Diese Eigenschaft beschreibt die eigenständige Maximierung der Leistungen einer Maschine oder eines Systems mit KI basierend auf den Erwartungswert und des verfügbaren Wissens.

Des Weiteren unterscheidet man auch zwischen schwacher KI und starker KI. Während die schwache KI nicht primär das Ziel hat menschliche Fähigkeiten nachzubilden, hat die starke KI das Ziel, die menschlichen Fähigkeiten mit der KI auszustatten, *„zu optimieren und sogar in neue Leistungssphären vorzustoßen"* (vgl. Boes & Ziegler, 2021). Die schwache KI kann lediglich als ein Werkzeug zur Unterstützung der menschlichen Fähigkeiten für Aufgaben vergleichbar auf menschlichem Niveau betrachtet werden.

2.3 Anwendungsbeispiele der KI

Wie bereits in der Definition der KI beschrieben wurde, ist eine einheitliche und klare Formulierung schwer möglich, da Fortschritte sehr schnell realisiert werden und einfache Aufgaben der KI als selbstverständlich betrachtet werden. Ebenso gilt dies auch für die Anwendungsfelder der KI, dessen Anwendungen bereits in *„Mischformen"* (vgl. Verband der Automobilindustrie, 2019) vorliegen. So wird die KI auch als *„eine Querschnittstechnologie - so wie Computer, Automobile, Telefonie und Internet"* (vgl. Rudschies & Krohler, 2021). Da im Rahmen des vorliegenden Assignments die Anwendungen von KI in der Automobilindustrie verglichen werden und hierzu auch in den nächsten Kapitel themenbezogenere Beispiele auffindbar sein werden, werden in diesem Unterkapitel einfache Beispiele hinsichtlich den Anwendungen zum Verständnis beschrieben (vgl. Kreutzer & Sirrenberg, 2019 und Stan, 2021).

Ein bedeutendes Anwendungsfeld der KI liegt in der Bildverarbeitung bzw. Bilderkennung. Diese Eigenschaft wird beispielsweise in der Gesichtserkennung zum Entsperren der Smartphones oder der Erkennung von Gegenständen genutzt. Dabei werden spezifische Merkmale eines Gesichts oder eines Gegenstandes durch die KI erfasst, verglichen und anschließend bewertet. Weitere Anwendungsfelder der Bildverarbeitung und Bilderkennung sind in der Sicherheitstechnik, Kriminalistik sowie Forensik.

Ein weiteres Anwendungsfeld der KI befindet sich in der Text- sowie Sprachverarbeitung als ein Mittel der Kommunikation zwischen Mensch und Maschine oder System. Alltäglich wird die KI in sogenannten online Textübersetzern angewandt, in denen der Mensch sich einen Text in eine andere Sprache übersetzen lässt. Dabei werden mittlerweile nicht nur Wörter oder Teilsätze, sondern komplette Sätze sinngemäß übersetzt.

In der Robotik - wie auch in anderen Anwendungsfeldern - wird nicht nur eine Eigenschaft der KI angewandt, sondern mehrere gleichzeitig. Dabei werden Robotern menschenähnliche Eigenschaften und Verhalten zugeordnet, die unter anderem selbständige Entscheidungen treffen und Bewegungen ausführen können. Die KI in der Robotik wird insbesondere in der Industrie (automatisierte Produktionsanlagen) genutzt.

3 KI in der Automobilindustrie

Wie bereits in den vorhergehenden Kapiteln erwähnt, befasst sich diese Arbeit mit einem Vergleich der Anwendung der KI in der Automobilindustrie. Die KI bietet der Automobilindustrie viele Möglichkeiten von der automatisierten Produktion und intelligenten Supply Chain Ketten bis hin zu selbstfahrenden Autos (autonome Fahrzeuge). In dieser Arbeit wird speziell das Endprodukt Auto hinsichtlich KI untersucht und insbesondere auf das autonome Fahren konzentriert.

3.1 KI in Form des autonomen Fahrens

In diesem Unterkapitel wird der Stand der Technik hinsichtlich der KI in der Automobilindustrie zusammengefasst. Die folgenden Beschreibungen und die anschließende Tabelle stellen die einzelnen Stufen der Entwicklung des autonomen Fahrens (auch Automatisierungsgrad) gemäß der internationalen Klassifizierung dar (vgl. Nolting, 2021):

- **Stufe 0 – Keine Assistenz:** Der Fahrer hat die absolute Kontrolle über das Fahrzeug und es sind keine automatisierten Funktionen vorhanden. Jegliche Lenk- und Beschleunigungsfunktionen werden vom Fahrer ausgeführt.

- **Stufe 1 – Fahrassistenz:** Ein Fahrassistenzsystem übernimmt die Lenk- oder Beschleunigungsfunktion, während der Fahrer selbst die andere Funktion übernimmt. Beispiele für diese Stufe sind unter anderem Spurhalteassistenten oder Tempomaten.

- **Stufe 2 – Teilautomatisierung:** In dieser Stufe ist das Fahrzeug durch ein intelligentes Fahrassistenzsystem in der Lage Lenk- und Beschleunigungsfunktionen gleichzeitig zu übernehmen. Der Fahrer muss weiterhin das System unter dauerhafter Beobachtung halten und im Notfall eingreifen können. Stauassistenten oder Parkmanöverassistenten sind Beispiele für diese Stufe.

- **Stufe 3 – Hochautomatisierung:** Eine dauerhafte Überwachung des Fahrzeuges durch den Fahrer ist nicht mehr erforderlich und das Fahrzeug kann selbst Lenk- und Beschleunigungsfunktionen übernehmen. Bei gewissen "Straßentypen, Geschwindigkeitsbereichen und Umweltbedingungen"[1] fordert das System den Fahrer dazu auf die Kontrolle wieder zu übernehmen. Das selbstständige Fahren auf der Autobahn sowie Fahren in Staus sind Beispiele für diese Stufe.

- **Stufe 4 – Vollautomatisierung:** Das Fahrzeug kann alle Aufgaben des Fahrens selbstständig übernehmen. In jedem Fall und unabhängig von den äußeren Bedingungen kann das Fahrzeug selbstständig reagieren. In dieser Stufe ist beispielsweise das Fahren in Innenstädten sowie fahrerloses Parken möglich.

- **Stufe 5 – Fahrerlos:** Diese Stufe wird auch als autonomes Fahren bezeichnet. Das Fahrzeug übernimmt alle Fahraufgaben in jeder Situation und unabhängig des Schwierigkeitsgrades selbstständig und der Fahrer kann nicht mehr eingreifen.

Stufe 0	Stufe 1	Stufe 2	Stufe 3	Stufe 4	Stufe 5
Keine Assistenz	Fahrassistenz	Teilautomatisierung	Hochautomatisierung	Vollautomatisierung	Fahrerlos

Tabelle 1: Darstellung der Stufen des autonomen Fahrens (i. A. a. Nolting, 2021, S. 116 und Verband der Automobilindustrie, 2019, S. 15)

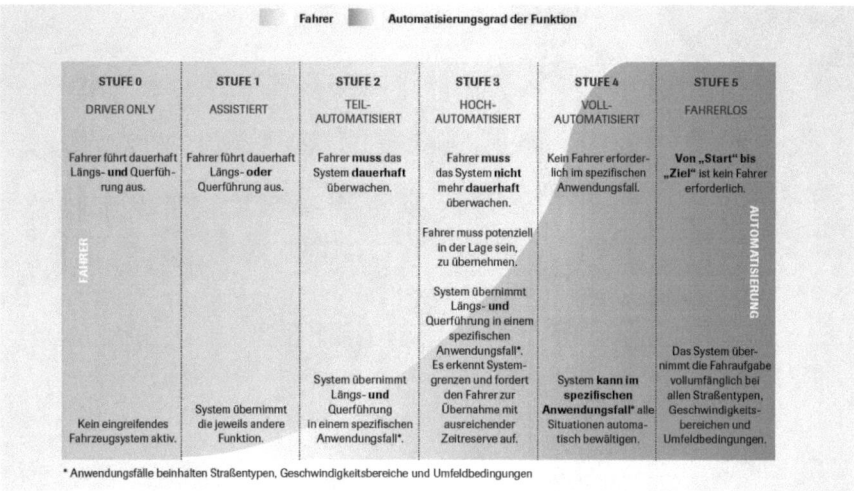

Abbildung 1: Automatisierungsgrade des automatisierten Fahrens[1]

Die Abbildung 2 zeigt, dass die aktuellen Forschungen und Entwicklungen insbesondere die Entwicklungsstufen Teil-, Hoch- und Vollautomatisierung fokussieren. Ein komplett fahrerloses System in Autos (Stufe 5) wird in den nächsten Jahren nicht erreicht werden, da hier wesentliche Herausforderungen insbesondere in der Erkennung der Umgebungsbedingungen (vgl. Nolting, 2021, Boes & Ziegler, 2021 und Verband der Automobilindustrie, 2019).

„Wahrscheinlich wird es 30 Jahre von jetzt an dauern, bis autonome Fahrzeuge unsere Straßen beherrschen werden" (vgl. Stan, 2021).

---

[1] aus https://www.vda.de/dam/vda/publications/2015/automatisierung.pdf, Zugriff am 09.10.2021, S.15

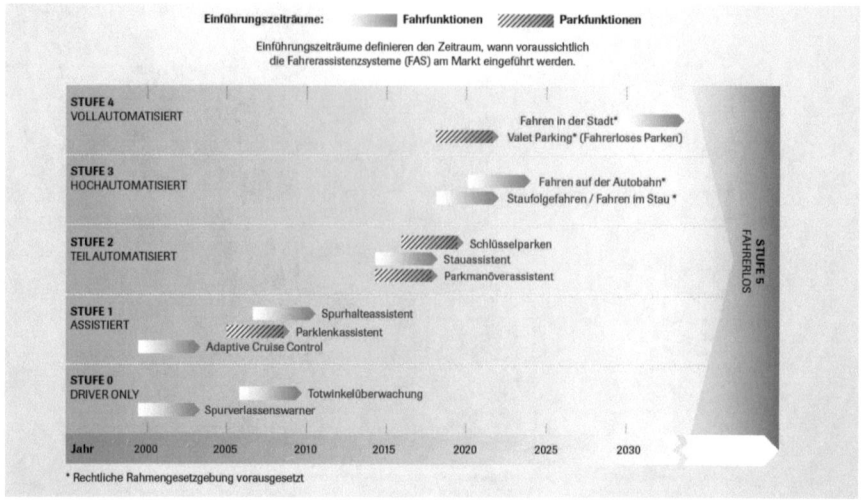

Abbildung 2: Einführung automatisierter Fahr- und Parkfunktionen[2]

3.2 Implementierung der KI durch autonomes Fahren

In diesem Kapitel werden die aktuellen Stände verschiedener Autohersteller hinsichtlich des Automatisierungsgrades bzw. der Implementierung der KI in deren Endprodukten beschrieben und gemäß der Entwicklungsstufe (Stufe 0 bis Stufe 5) bewertet.

- **BMW:** Laut einem Bericht der ADAC (vgl. Rudschies & Krohler, 2021) befindet sich der deutsche Autohersteller BMW in einer Phase, in der "Daten im realen Verkehr zu sammeln und zu analysieren"[3], die anschließend als Basis für die Entwicklung des hochautomatisierten Fahrens genutzt werden sollen (vgl. Rudschies, 2021). Vielmehr konzentriert sich BMW darauf, das laufende Geschäftsmodell mit der KI bzw. dem autonomen Fahren zu komplettieren, anstatt eine Neuheit zu generieren (vgl. Boes & Ziegler, 2021). Ziel dabei ist, das bestehende Modellreihen zum autonomen Fahren zu entwickeln, anstatt neue Modelle zu kreieren. Somit kann BMW in einem Übergang von Teilautomatisierung (Stufe 2) zu Hochautomatisierung (Stufe 3) eingestuft werden. Allerdings ist der Übergang in die Stufe 3 in einer beginnenden

---

[2] aus https://www.vda.de/dam/vda/publications/2015/automatisierung.pdf, Zugriff am 09.10.2021, S.15

Phase, sodass die Stufen 4 (Vollautomatisierung) & 5 (Fahrerlos) einige Jahrzehnte Entwicklungsarbeit erfordern kann.

- **Daimler:** Der ADAC und ISF München berichten in ihren Berichten (vgl. Boes & Ziegler, 2021 und Rudschies & Krohler, 2021), dass der deutsche Autohersteller Daimler erste Versuche in Silicon Valley zum autonomen Fahren durchgeführt hat. Das Ziel dieser Tests war es, grundlegende Funktionsbausteine, die für das autonome Fahren notwendig sind, zu erarbeiten. Allerdings fanden diese Testfahren in Überwachung mit Sicherheitsfahrern statt. Des Weiteren arbeitet Daimler daran bereits in diesem Jahrzehnt Autos mit einer Hard- und Software zu versehen, die für die Implementierung der KI vorbereitet sind (vgl. Rudschies & Krohler, 2021). Aufgrund der bereits durchgeführten Tests kann Daimler hinsichtlich des Automatisierungsgrades in die Teilautomatisierung (Stufe 2) eingestuft werden. Dabei ist unbedingt zu berücksichtigen, dass hier auch bereits die ersten Schritte in die Hochautomatisierung (Stufe 3) mittels Bereitstellung für Hard- und Software sowie Forschungstätigkeiten übergegangen wurden.

- **Volkswagen:** Auch der deutsche Konzern Volkswagen setzt sich zum Ziel, Entwicklungen hinsichtlich KI bzw. autonomes Fahren voranzutreiben. So wurden bereits erfolgreiche Tests mit Fahrzeugprototypen durchgeführt, die sich selbstständig in unbekannten Strecken sicher fortbewegen konnten. Diese Prototypen sollen ab 2025 in der Lage sein, selbstständig mit Fahrgästen zu fahren (vgl. Boes & Ziegler, 2021 und Rudschies & Krohler, 2021). Aufgrund dieser Fortschritte kann Volkswagen bzgl. des Automatisierungsgrades in die Hochautomatisierung (Stufe 3) eingestuft werden. Das ehrgeizige Ziel zeigt, dass ab 2025 Volkswagen in die Vollautomatisierung (Stufe 4) überschreiten wird.

- **Tesla:** Der US-amerikanische Autohersteller Tesla hat bereits wesentliche Funktionen aus der Stufe Hochautomatisierung (Stufe 3) in sein Model 3 integriert (vgl. Rudschies, 2021). Des Weiteren sind neuesten Produktionen bereits mit sehr hoher Rechenleistung und entsprechender Hardware ausgestattet bzw. austattbar, sodass eine Umstellung auf autonomes Fahren per Update ermöglicht wird (vgl. Boes & Ziegler, 2021 und Rudschies, 2021). Das Model 3 von Tesla ist in der Lage selbstständig Lenk- und Beschleunigungsfunktionen für Teilstrecken zu übernehmen. In herausfordernden Situationen wird der Fahrer um eine Entscheidung gebeten und Entscheidungsgrundlagen dem Fahrer vorbereitet (vgl. Boes & Ziegler, 2021 und Rudschies, 2021). Aufgrund dieser Erkenntnisse und Fortschritte wird der Autohersteller Tesla in die Entwicklungsstufe Hochautomatisierung (Stufe 3) hinsichtlich des Automatisierungs-grades eingeordnet. Die Bereitstellung von Hard- und Software im Hinblick auf das autonome Fahren deutet daraufhin, dass Tesla bereits in die Entwicklungsstufe Vollautomatisierung (Stufe 4) eingetreten ist.

- **Waymo:** Das US-amerikanische Unternehmen Waymo ist bereits im Bau von autonom fahren-den Autos weit vorangeschritten, sodass diese bereits als Taxis genutzt werden können. Größ-tenteils befinden sich in diesen Taxis weiterhin Sicherheitsfahrer, weshalb eine Einstufung im Hinblick auf den Automatisierungsgrad Vollautomatisierung (Stufe 4) entsprechend ist. Erste Taxis der Firma Waymo fahren prototypenweise auch ohne Sicherheitsfahrer, somit ist der Übergang zur Stufe 5 (Fahrerlos) des Automatisierungsgrades in den ersten Facetten erreicht.

Aus der folgenden zusammenfassenden Tabelle ist ersichtlich, dass die betrachteten US-amerikanischen Autohersteller bereits eine Stufe weiter sind als die deutschen Autohersteller. Mögliche Hintergründe können unter anderem in den gesetzlichen Regelungen liegen (vgl. Rudschies & Krohler, 2021).

Stufe 0	Stufe 1	Stufe 2	Stufe 3	Stufe 4	Stufe 5
		BMW	Volkswagen	Waymo	
		Daimler	Tesla		

Tabelle 2: Einordnung der betrachteten Autohersteller in die Stufe des autonomen Fahrens

Des Weiteren ist erkennbar, dass sich wenige Autohersteller in einer fortgeschrittenen Stufe des Automatisierungsgrads befinden und keines der betrachteten Autohersteller die Stufe 5 (Fahrerlos) komplett erreicht hat. Lediglich der US-amerikanische Autohersteller hat die ersten Facetten auf Prototypenebene in die Stufe 5 (Fahrerlos) erreicht.

4 Zusammenfassung

Im Rahmen des vorliegenden Assignments wurden verschiedene Autohersteller hinsichtlich der Implementierung von KI in Form des autonomen Fahrens verglichen. Der Aufbau der Arbeit beginnt mit einer Erarbeitung der Grundlagen zur KI. Das Ziel dabei ist es, ein Verständnis über den Gegenstand der KI aufzubauen. Anschließend folgt eine Einführung zur KI in der Automobilindustrie in Form von Erläuterungen des autonomen Fahrens. Betrachtet wird dabei das Endprodukt Auto hinsichtlich der KI und nicht die Anwendung der KI in der Produktions- und Logistikkette für die Autoproduktion. In diesem Schritt der Arbeit werden die verschiedenen Entwicklungsstufen hinsichtlich des Automatisierungsgrades im Endprodukt Auto erläutert. Mit einer Erläuterung über den aktuellen Stand der Autohersteller BMW, Daimler, Volkswagen, Tesla und Waymo hinsichtlich des Automatisierungsgrades schließt der Hauptteil ab.

Das Ergebnis der Arbeit zeigt, dass keines der untersuchten Autohersteller die Endstufe des Automatisierungsgrades komplett erreicht hat. Die letzte Entwicklungsstufe des Automatisierungsgrades im Endprodukt Auto ist gleichzusetzen mit dem autonomen Fahren. Lediglich der US-amerikanische Autohersteller Waymo hat die ersten Schritte auf Prototypenebene in Richtung autonomes Fahren erreicht. Es ist jedoch deutlich, dass die o. g. Autohersteller an den Entwicklungen für das autonome Fahren arbeiten.

Generell ist zu erkennen, dass die untersuchten US-amerikanischen Autohersteller Tesla und Waymo im Vergleich zu den untersuchten deutschen Autoherstellern BMW, Daimler und Volkswagen um ca. eine Entwicklungsstufe voraus sind.

Literaturverzeichnis

Boes, A. & Ziegler, A., 2021. *Umbruch in der Automobilindustrie. Analyse der Strategien von Schlüsselunternehmen an der Schwelle zur Informationsökonomie.* Forschungsreport Hrsg. München: ISF München.

Kreutzer, R. T. & Sirrenberg, M., 2019. *Künstliche Intelligenz verstehen. Grundlagen - Use-Cases - unternehmenseigene KI-Journey.* Wiesbaden: Springer Gabler.

Nolting, M., 2021. *Künstliche Intelligenz in der Automobilindustrie. Mit KI und Daten vom Blechbieger zum Techgiganten.* Wiesbaden: Springer Vieweg.

Rudschies, W., 2021. *ADAC. Tesla Model 3 im Test: Beeindruckend – trotz einiger Schwächen.* [Online]
Available at: https://www.adac.de/rund-ums-fahrzeug/ autokatalog/marken-modelle/ tesla/ tesla-model-3/
[Zugriff am 01 11 2021].

Rudschies, W. & Krohler, T., 2021. *ADAC. Autonomes Fahren: So fahren wir in Zukunft..* [Online]
Available at: https://www.adac.de/rund-ums-fahrzeug/ausstattung-technik-zubehoer/autonomes-fahren/ technik-vernetzung/ aktuelle-technik/
[Zugriff am 31 10 2021].

Stan, C., 2021. *Automobile der Zukunft mehr als nur elektrisch, digital, autonom.* Markkleeberg: Springer-Verlag.

Verband der Automobilindustrie, 2019. *Automatisierung - Von Fahrerassistenzsystemen zum automatisierten Fahren.* [Online]
Available at: https://www.vda.de/dam/vda/ publications/2015/automatisierung.pdf
[Zugriff am 09 10 2021].